福音　道しるべ

植村正久

一麦出版社

Soli Deo Gloria

目次

第一章　宗教が大切であること

人はどこから生まれどこへ行くのか

人の一生をよくよく考えてみると、人生わずかに五十年、七十年は古来稀《まれ》といわれる。人の一生は、生まれたとしても露や霜のようにはかなく、死はまるで幻が消えるようにあっけなくやってくる。昔、後醍醐天皇がたびたび世の浮沈を経験し、あらゆる苦難をなめ、しまいには重い病にかかり、そのまま消えゆく命をはかなんで、

露の身を草のまくらにおきながら風にはよもと憑《たの》むはかなさ

（露のようにはかない身を旅の途上においているが、風には決して吹いてくれるな（死期を早めないでおくれ）と期待するよりどころのない私であることだ）

とお詠みになったのも、もっともなことである。あらゆる書物に当たってみると、このような想

いを表す言葉は数えきれぬほどだ。しかし、世の人の多くは日々の営みにとらわれ、むなしい遊びに魂を奪われ、一日中飲み食いにうつつを抜かすばかりで、少しもこのようなことに関心を寄せることがない。これは大変危ういことではないだろうか。昔から厳粛な思いをもって物事を深く究めようとした人は、常に思いをここに凝《こ》らし、深くその道理を求めたのである。その中には、ひたすらいつくしんだ妻子をすてて深山の奥深くわけ入り、道を求めた者もある。

いったいこの世界はどのようなところであり、何の目的があるのであろうか。自分という人間はいったいどこから生まれ出たのであろうか。またどこに向かって行くのであろうか。ある者は、

世の中は何に喩えん朝ぼらけ漕ぎ出し舟の跡なきがごとし

〔註　『万葉集』三五一　世間《よのなか》を何に譬《たと》へむ朝開き漕ぎ去《い》にし舟の跡なきごとし〕

（人生は朝漕ぎ出した舟が跡も残さず遠くへ消えてゆくようなものである）

と、このように、はかないものだと観念している。またある者は何かの宗教を身につけ、その道によってこの大事を思いあきらめようとする。だからこそ諸国にいろいろな宗教というものが出てきたのであろう。最近の世の中の傾向は、ともするとむやみに宗教の道を侮《あなど》り軽んじ、ただ名

誉と利益の途に迷い、置かれている世界のありさまを気にとめず、ひたすらよこしまな欲望におぼれ、自身が危うい薄氷の上に立っている状態であるのも気づかず、はかない夢の世をぼんやりと暮らすばかりの者が十人のうち七、八人はいるのである。せめてこの世を目覚めて生きてほしいものだ。目覚めないで夢路をたどるのはどうにもならないことながら、やはり哀れなものである。仮に考えてみるがいい、自分が額に汗して行うことは何の益があるのだろうか。粒々辛苦《りゅうりゅうしんく》の生涯も、しまいにはどんな報いを得られるのか。もし宗教の真理を知らなかったら、すべて空をつかみ、影をとらえるように空しいものである。ある者はいう、たとえ生きている時に思いを遂げることができないとしても、子孫のために労することも結構なことではないかと。しかし、このような考えはまことに思慮が浅い。なぜならば、自分が労苦して得たものを受けつぐ子孫もすべて自分と同じ人間であるから、失望する時期を先延ばしにするだけであって、実体は少しも違いはしないからである。

このように、人生の労苦がすべて煙のように消えてゆくなら、この生命は生きて甲斐のないものとなってしまう。仁だ、義だ、道理だというのも空しい言葉にすぎず、あれこれ論じてみても全く無益なことであると、このように思い至った人も少なくない。しかし、このような説は私の良心として決して同意できないものである。よく考えれば、仁義というものは決して偽りのものとは思わぬからである。世界は幻のように見えるが、どこかには堅固で動かず、変わらぬものがあるはずである。世の中はむなしい影だけだというなら言ってみるがいい。影は必ずその形に添うものなので、どこかにその根源である実体があることは疑いのないことだ。世の人はみな知らず知らずにこの道理を信じている。だから、多くの失敗に出遭《であ》っても懲りず新たな望みを抱くのである。その上、総じて宗教というものはみなこの一つの望みまたは信仰に鼓舞されて真実で堅固なものを見出そうとしたのである。これを見出すことがなければ、この世にあってさらに真実の慰めを得ることはできないのである。パウロが神がなくては望みがないと言ったのは、まさにこのことである。以上のことから、宗教の道は、だれしも人がゆるがせにし難いものであろう。

真実の慰め

中国の文王だったか、「道を望みて未だ之を見ず」と言ったと古典にある。これは、善を慕い義を務め徳を建てても常に満足できないと思ったということだ。道徳は天の尊い品格である。これを十分養うことができず、不善を改めることがなく、歳月が過ぎていくばかりで自分はますます年老いてゆき、今日もまた昨日のように依然として不徳を免れないのは、古来賢人たちが生涯彼らの悩みとしたものである。自分に罪悪があるのは、まるで穢《けが》れた屍《しかばね》を抱いているのと異ならない。これを振り払おうとするが、性欲、みだらな思い、勝手な悪行の鎖でしっかり縛られていて解くことができず、自分を永遠の死に陥れようとするのである。たとえ思いがけない力によって自分にうち克ち善を行えても、すでに犯した罪をどうすることもできない。いったん悪を為して天の掟《おきて》を破り、神のみこころに背いたからには、その責めは罪悪とともに永遠に消えることはないであろう。もし罪が消えず、罰が免れがたいなら、人生に一体どんな楽しみがあるだろう。どうして栄華を喜ぶ暇があろうか。これが良心の人をおそれおののかせる理由である。これらのことは、みな人にとってはいたって重い問題であるはずだ。宗教というものは、もっぱらこれを解説するものなので、世の人がこれを無視するのはきわめて根拠がないことである。

今や我々日本人は旧来伝えられた宗教をしりぞけ、大いに進んだ道に行き、再び従来の宗教に帰るべきではない。しかし、前述したように人は宗教からすこしも離れることができないので、偽りの道を脱却するまでは不都合が多いであろう。必ず真の宗教を選んでこれに従わなければならない。このことをたとえていうなら、やっと背丈が伸びた青年に子どもの衣は釣り合わないが、これを脱いだだけではかえって世間に恥をさらすものだ。あるいは、もと住んでいた家がいやだといってここを出るのはいいが、それから住む家を新しく造らなければ風雪露霜にさらされてしまうではないか。今日の無宗教家はつらいことに出遭《であ》って死にそうになるとき、何によって心を安らかにするであろうか。あるいは、その子弟が次第に悪の方に染まっていきそうな時、どうやって救おうとするのか。一人の身ならまだしも、この堂々たる大日本国をどうしようとするのか。不仁、不智、無礼、不義は人の常だといわれるように、徳義が養われなければ国の意気は上がらない。国の意気が上がらない時は、国民をあげてみな他に使役されるようになる。もし真の宗教がなければ、一身、一国のうえにこれらの危害がたちまち到来するであろう。それでも古い衣が似合わないからと裸でいることを好み、あるいは古い家が住みにくいからといって別に家を用意せず、誇らしげに野宿する人とはともに道を語れはしない。

第二章　深遠で美なる神がおられること

無神論のあやうさ

ギリシャのアテネの人は、事あるごとに鬼神を敬い、多くの偶像を安置して仕えたのだが、それらの中に知られざる神というものがあった。使徒パウロはこれを見て、私はあなたがたが気づかずに拝んでいるお方を知らせようといって、真の神のことを熱心に説き聴かせた（使徒言行録一七・二三―三二）。世の人は長いあいだ神の道を忘れ、わき道に迷ったために、天におられる父を認めることができず、その様子はまるで暗闇の中にさまよっているようだ。しかしながら、自分が拝むべき方を探し求め、永遠の存在を尋ねるのは、人間の抑え難い願いなので、ついに似ても似つかぬ偶像邪神をあがめ、草や木、あるいは鳥獣をも礼拝するに至ったのである。道理に従って考えると、これは大変愚かなことだが、真の神を知らなくても、これを知りたいと欲する気持ちを抑えられず、おのずとこのような愚行に走るのである。

世界のすべての人々が皆こんな状態であるのを見ると、神を求めるのは生まれつき人に備わっていて、古今の区別なく知られざる神をみなあがめているといえる。人類はすべて神を慕い求めるものである。以上から論ずると、天下に本当の無神論者というものがいるはずはない。ある者は快楽に耽り、功名を貪《むさぼ》り、ある者は憤り悲しみ歌い、天を仰いで嘆き、ある者は多くの人の間に交わり、花鳥風月の楽しみが多い中、なお寂しい想いを抱くなど、たとえ偶像を拝まなくてもその心は実に知られざる神を慕うのと違わない。また平常時にはわかったふうに神はいないなどというが、いったん非常の出来事に遭《あ》うと本来備わっている性質があらわれて、神の助けを求めるものである。悲しみの中にあってもなお無神論者でいることはできないと言われるのは、思うにそのためであろう。キリスト教の道は、世の人が気づかずに求めている神をはっきりと伝えるものである。だからキリスト教の神と人の心とは全く無関係ではない。まるで飲み食いに飢え渇いたときのようなものである。キリスト教は人が求めるものを与え、尋ねるものに会わせようとする道なのである。

世の中に無神論者と称する者がいるが、神はいないとは言えぬはずだ。なぜなら天地は広く、世界はきわめて大きい。人の知恵によってこれを知り尽くすことはできないだろう。宇宙の間にはどのような力が働いているのか、また私たちが見聞する現象はどのような因果関係によってこうなったのか。すべてこれを探りきるのでなければ、神はいないとは言えない。自分が探求し残したところに神の存在を必然とする事実があるのに、それを推測できないだけのことである。人はすべて天地の諸物を究める力ある者、すなわち自分がひとりの神となるのでない限り永遠に無神論者ではいられない。

そうはいっても自分の知識、経験すべてによって神が存在する証拠を得なければ、神が存在することを理解しないという者もあり得ることだ。しかし、まだ十分熱心にその理由を究めようとせずに、むやみにこのような判断を下すのは、この上なく倫理に反し、人の道に背くことだ。だから、神はいないというやからは無論のこと、神がいるなどわからないと言う人は、心を尽くし思いを尽くして自らの言っていることを吟味しなければならない。

世界の源

さて、人間が考えうる限り、果たして神の存在の証拠はないものか。私は必ずその明らかな証拠があると信じる。以下はこれについて述べる。

世界の事物について考察すると、生き物の誕生から風土山川に至るまでどれもその前の変化から起こったものである。前の変化はその前の変化から起こった変化から……というぐあいに変化にさかのぼり順次その根本をたどり、変化の源に至る。この源はすべての変化を引き起こす原因なのだが、他の力を頼まず、自身によって独立するものである。これを原因結果の道理という。

この明白な道理によるとき、天地に一つの大きな原因があることは疑うべくもない。終わりがあって初めがなく、流れがあって源がないという道理はないはずだ。すでにこの世界があるからには、神であれ、万物の源であれ、あるいは物体であれ、必ずその原因となるものがあるはずである。そうすると、無神論者であろうとも、その意見が違っていようと、決して異論があるとは思えない。すでに天地にひとつの源があることが明らかなら、またここに別の問題がおのずと出てくるのだ。つまり、天地の源とはどのようなものかということだ。

古歌にいう、

吉野川そのみなもとを尋ぬればもぐらのしずく萩のしたつゆ

（吉野川の水源をたどってみると八重葎《やえむぐら》の滴や萩の下葉に宿る露なのである）

この歌に詠まれているように、吉野の川の清い流れはほんのわずかなものから始まっているが、そうすると吉野川は決してそのもとになるものよりまさって大きなものでないことがわかるであろう。その水源は八重葎《やえむぐら》の滴であってもそれが集まり寄り合う水が多いからこそこのような大河となったのである。よって知るべし、吉野川の水はそのもとである雨滴や小さな流れが集まったものより多くはないことを。あるいはこれと比べるとやや少ないのかも知れぬ。この道理は単に吉野川だけでなく、天地にあるすべてのものは同様である。このことを簡潔で平易に言い換えると、終わりは初めよりも大きくないし、また高くない。その上、ものの原因は十分にその結果を生ずる力、その他不可欠な諸要素をもつことは、もはや論ずるまでもないだろう。

以上の道理を知ることは、天地の原因を理解する入口である。すでにそこにたどりついたのであるから、さあこれからはその内容に入っていくことにしよう。さて、世界の有様を観察すると、上は天文、下は地理、生物、草木に至るまで実に美を尽くし、善を尽くしたものである。心してこれを見ると、まるで一篇の文章、一幅の絵画を見るに等しい。万物は様々の意図を込めた一篇の文章だからこそ学者がいてその道理を究め、道を論ずるのである。道理を究めるとは何か。天地に現れたものの意義を究めることではないか。その道を論じるとは何か。天地万物の常に変わらぬ筋道を説くということである。また宇宙は一幅の絵画だからこそ、だれもがその配置の妙を称賛してやまないのである。

このことから考えると、天地万物は深遠な意図を含み、最上の美が配置され結び合わされたものなのである。このような世界のおおもとであるものは、おのずと深奥の意義を備えた最高の美に違いない。これに反して仮に天地のおおもとを思慮も美しさもないものとみなすなら、大いに原因結果は道理に背いていることであって、結果を生じるのにふさわしくない原因があると認めるのと同様である。わずか一滴の雨露を大河や海の源だと認めるならどうしてその愚かな考えを択《えら》べようか。

以上から考えて、天地の根源は深遠なる知恵を備えた神であることが理解されるのである。ある人は異なる意見を述べて「一塊の泥土が美しい花を生じる。これは結果が原因にまさるものではないか」という。これにはこう答えよう。「泥土は花を生じる一元素であるだけだ。その他に日光、雨露など、とりわけ前から生い茂っていた花があるはずだ。これらもろもろの原因によってこの結果を生じる。花が美しいのはまた当然ではないか」と。

すべての源である神

もし、この天地の根源に深遠なる知恵などないというなら、そのような天地は目が見えず、道理と正義をわきまえぬ単に大きな機械のようなものだと言わざるをえない。この機械は知恵と技能のある運転士もなしに、自身で条理がきわめて美しく整った宇宙を創造したのである。これ以上不可解な話はないであろう。その上、万物は目が見えず、智も徳もないものであったが、やがてついに人のように知恵があり、正しい道理あるものを創造したなどということは、とうてい信じられない話である。無神論の難点は単にこれだけでない。天地が偶然に生じたのなら人の生もまた偶然だということになる。人の生が偶然だというなら、文明、真理、また善悪というのもすべて偶然生じたのでなければならなくなる。結局このような無茶な考えにとらわれた議論は、明白な自然の道理に矛盾するから、その誤りはわざわざ論証するまでもない。

さらに人の世の組織においては、道徳を勧め、悪を懲らし、善に報いる規律は厳正であり、わずかに外れることをも容赦せず、時に善悪が入り混じるようなことがあっても良心は公平な天がついには審判することを信じて疑わないのである。聖書に言う、「目を作ったものがどうして見ることができないことがあろう。耳を作ったものがどうして聞くことができないことがあろう」（詩編九四・九）。だから以上論じたような天地万物を生じさせたものについては、その力すべてを知ることができないだけでなく、大智純全、至仁至公（すぐれた知恵で純全、きわめてめぐみ深く公平）なひとつの大きな根源であることは明白である。こういうわけで、このようなもろもろの性質を備えているのは、霊でなくて一体何であろうか。だいたい天地宇宙に存在するものは霊と物質との二つにすぎない。たとえば、人の心はつまり霊である。これらすべての性質を無限に保有して完全なもの、これを天の神と呼ぶ。そうして霊であって見ることができないといっても、その不思議な働きから考えると、その存在とすべての聖なる性質を明らかに理解することができよう。神の存在は我々の幸福に大きく関わるもので、神がおられることを知ることができるのは、この上ない悦《よろこ》びと言わずにいられない。

そもそも神は万物の根源であるから、純全な徳を備え、この上なく尊く、ならぶものがないというのが道理である。もしならぶものがあって多くの神が存在するのなら、なぜこれをこの上なく尊く純全であると言えようか。もし、この上なく尊く完全でなければ、一体どうして天地の根源が万物の頭《かしら》であることができようか。だから言う、神は唯一無二である。世の人が多くの神をあがめるのははなはだ根拠のない迷いごとなのだ。

聖書に言う、「世界とその中の万物とを造られた神は天地の主ですから手で造った神殿などにはお住みになりません。また、何か足りないことでもあるかのように、人の手によって仕えてもらう必要もありません。すべての人に命と息と、その他すべてのものを与えてくださるのは、この神だからです」（使徒言行録一七・二四—二五）。まことに神の子である我々さえをも木で作った人形や画像で写すことはできないし、その上、心や思いのない木石、鳥獣と等しくされることを恥辱と思う。まして人類の霊父を偶像によって写すという道理はありえない。であるから、「神である方を、人間の技や考えで造った金、銀、石などの像と同じものと考えてはなりません」（使徒言行録一七・二九）。神は、大きくは国家の盛衰、天下の情勢から、小さいものでは一個人の生命、挙動に至るまで、いっさいの物事をすべて支配なさる。しかも、「実際、神はわたしたち一人一人から遠く離れてはおられません」（使徒言行録一七・二七）と。このため、我々はすべてのことを神に委《ゆだ》ね、非常のことがあるとすぐに天に告げることができる。私たちの幸福はこれに勝るものがない。イエスは「空の鳥をよく見なさい。種も蒔《ま》かず、刈り入れもせず、倉に納めもしない。だが、あなたがたの天の父は鳥を養ってくださる。あなたがたは、鳥よりも価値あるものではないか」（マタイによる福音書六・二六）。「野の花がどのように育つのか注意して見なさい。働きもせず、紡ぎもしない。しかし言っておく。栄華を極めたソロモンでさえ、この花の一つほどにも着飾ってはいなかった」（マタイによる福音書六・二八）。また、「あなたがたの髪の毛までも一本残らず数えられている」（マタイによる福音書一〇・三〇）と言われた。だから、我々は事の大小を問わず、境遇の幸不幸を論じることなく、これを神に託して、孟子が言う道を行って、静かに天命を期待するのが一番である。たとえ道を行って静かに天命を期待するとしても、万物を支配して我々の一身上にかかる命令を下すものが天にいます父でなければ、どうして泰然として心の平安を保つことができようか。

祈りはどうすればできるのであろうか。イエスはすでにこれをお教えになった。「あなたが祈るときは、奥まった自分の部屋に入って戸を閉め、隠れたところにおられるあなたの父に祈りなさい。そうすれば、隠れたことを見ておられるあなたの父が報いてくださる。また、あなたがたが祈るときは、異邦人のようにくどくどと述べてはならない。異邦人は、言葉数が多ければ聞き入れられると思い込んでいる。彼らのまねをしてはならない。あなたがたの父は、願う前から、あなたがたに必要なものをご存じなのだ。だから、こう祈りなさい。

『天におられるわたしたちの父よ、
御名《みな》が崇《あが》められますように。
御国《みくに》が来ますように。
御心《みこころ》が行われますように、
天におけるように地の上にも。
わたしたちに必要な糧《かて》を今日与えてください。
わたしたちの負い目を赦《ゆる》してください、
わたしたちも自分に負い目のある人を赦《ゆる》しましたように。
わたしたちを誘惑に遭《あ》わせず、悪い者から救ってください』」（マタイによる福音書六・六―一三）。
アーメン

これは祈りの模範であって、主の祈りといわれている。必ずしもこのように祈れというのではない。祈りはまずこのようにしなさいと教えてくださったのである。

第三章　人の霊魂《たましい》

霊的な心

人は天下の生物の中でも姿・形が最もよく整ったもので、その美しさは言い表しようがないほどである。しかし、その身体だけについて言うなら、他の動物と特別に異なるところはない。ただそれら鳥獣にまさって万物の長であるのは、霊である魂を備え、物の是非を判断し、事の善悪を知ることができるからである。これが心の作用である。そもそも心性というものは眼で見ることはできず、手で触ることもできない。色も臭いもなく、また大きい小さい、軽い重いなどということもない。あるいは、部屋の中に籠《こも》って千里離れたところを思い、現在から昔を推《お》し量り、よく義と利の別をわきまえ、意思の方向を自由に選択し、その行いについては自身で賞罰を免れ難いことを知る。これら心性の働きはみな、なみの物体ではいまだかつてないことである。にもかかわらずこれらの働きを物体の作用とすることは決して理にかなう考えかたではない。このように考えると、我々の心性は形而上のものであって物質ではない。また物質から出来上がった身体でもないのである。

たしかに身体は心性が使う道具なのだから、その強弱、盛衰、変化によって心性の作用が大そう鈍くなることがある。実際、心性は身体とともに成り立って作用するものだからそうなることは当然なことである。しかしそのような事実があるからといって、心性が霊的なものであることを疑うことはできない。たとえば、飲食によって胃の具合が悪くなると記憶も鈍り、よい考えも出てこなくなることはよくあるが、だからといって心性の作用は胃の働きによるものだという人はいないだろう。たとえ頭脳の状態によって心性の作用が進化したり退化したりすることがあっても、これで思想、探究は皆頭脳によるものだという証拠とすることはできないのである。まして心性の作用は頭脳など物体からできたものにない性質を備えているのは言うまでもない。その上、心はよく身体が疲れ弱った状態を支えたり、あるいは病気がいよいよ重くなって肉体が死にそうになっても心はますます高遠な思いを強く抱き、かえって健康であった時にまさるということも少なくない。身体というものは、立派に成熟する時期に到達するとその後次第に衰えて、ある者は杖に、ある者は人に助けられ、耳も遠く、目もかすみ、しまいに血気が全く消失する状態になる。しかしほどよく心身を養っている人は年が進んでいよいよ才智にたけ、嗜好が円熟し、徳義が月を追って佳境に達するのだ。あの孔子にしても「七十にして心の欲する所に従って矩《のり》を踰《こえ》ず」（七十歳で自分の望むままに行動しても道徳からはずれることがなくなった）と言ったではなかったか。にもかかわらず心性と身体とを同一のものとみなすことは、明らかに誤りなのである。それは雲と泥とを同一視するのと同じこと。どうして信じられようか。霊魂と身体とは異なった種類の実体であるから、この二つが必ずしも存亡を共にすると言うことはできぬ。たとえ身体は衰え死に至っても、霊魂はこれとともに衰えるのではないことがすでに明らかなように、またこれとともに滅びることはないのである。このことは少しばかり思慮ある者ならたやすく納得できる見解であろう。

その上、この世は人類に完全を得させるところではない。その志は悠久にわたり、その望みは無限に及ぶのが人の性質だから、わずかに七十年の生命を保って、豆粒ほどの世界では十分なことを成すことはできないのである。仮に天下の苗が一株も残らず、伸びず、または伸びても実ることがなかったらどうだろうか。そんな不都合はどう考えてもありえない。ところが人が生涯を終えて消え果てるときは、まるで伸びず、実らず、いやまだ伸びるところまでいかずに枯れ失せることと同じなのである。

紀伊の某《なにがし》公の歌に、

思うこと一つ叶えばまた二つ　三つ四つ五つ　六《む》つかしの世や

〔望むことが一つでも叶うと、また二つ三つ四つ五つと望みが次々と出てくる。困った一生であることだ〕

と詠んでいるのも道理ではないか。このことは私が深く論じるまでもなく、人々がわが身を振り返り、過去を思い、今を考えれば、針で胸を突きぬかれるように痛感し嘆くに違いない。今日まで多く天下の知識人と交わったが、少し心ある者は皆この憂いを抱き、心にやましく思わぬ者は稀《まれ》である。ただでくのぼうのような人、飲み食いするばかりの人間はこういうことを感じないもののようである。その上飲み食いにふける人は、「飽食暖衣逸居する」〔食べ物、着るものに不足がなく、気楽に暮らす〕ことで満足するようだが、時に失望して不安な気持を起こすことがないなどありえない。つまるところ、我々はとうていこの世で満足しえない望みを抱き、また年月と場所さえあれば無限に伸びてゆく性質と力を持っているものなのである。昔の歌によくこの思いを詠んだものがある。

有明の月の光をまつほどに　わがよはいたく更けにけるかな

〔註　『金玉集』雑六八　藤原仲文　有明の月の光を待つほどに我が世のいたく更けにけるかな〕

（有明の月を待ち望んでいるうちに夜が更けてしまったように私も年老いてしまい、生涯の終わりに近づいた）

見えないものを望む

天地は知恵をきわめていて過不足がなく、すべてぴたりとうまく適合している。しかし、もし人生をこの世限りのものと考えるなら、創造の神は終わりがきちんと整わないことをされたと言わねばならぬ。なぜなら、無限に伸び永遠にわたる志望を人に与えておきながら、この限りある一つの小さな世界に誕生させ、朝生まれ夕を知らずに消えるかげろうのようなはかない命とするならば、失敗というほかない。これをたとえるなら愚かな父母が分別もなしに、子に就学させるに当たって、この子に今後大学に入って使うはずの一切のものを与えておきながら、小学校を卒業するとすぐに家に帰れと言うのと同じである。よって人の心性にこのような備えがあるからには必ずこれを達成する事情、つまり未来の世界があるはずなのである。昔、ある人がこの世界を、客を待つ準備にたとえたのはたいへん適切だが、もし人々が後になって到達すべき見えない世界が存在しないなら、あてもない賓客《ひんきゃく》を待って準備をするのと同じといえるだろう。大学予備門というのが東京にあるのだが、かんじんな目的の大学が設けられていない道理はないだろう。

そのためキリスト教では未来について説くことを軽んじないばかりか、深く考えるにつれそういうことがあるだろうと信じるようになっていく。未来がないならこの世のことは一つとして解明できるものはないだろう。私ははっきりと未来が存在することを信じるものである。

天地において最も明らかで確実なことは、善悪の道理、正邪の区別である。このことをあいまいにするなら空に太陽がないようなもので、すべて不明瞭になるだろう。さらに一歩進めてこのことを考えると、私たちはただ善と悪とが異なっているのを知るだけでなく、悪が必ず罰を受け、善が必ず賞を受けて少しも狂いがないこともあわせて知っているのである。これも最も確実な道理であって、たとえ海は山になり山は海になってもこの道理は変わるはずがない。しかし世の様子を見よ。善人は必ず幸せか、悪人は必ず禍《わざわ》いを受けているか。顔回〔註　顔淵。孔子の一番弟子〕のような賢人も貧しくて若死にし、盗跖《とうせき》（中国古代の伝説的な悪党）のような強盗も財産に富み、その上ぜいたくを思う存分して百歳の寿命を保った。昔の事跡を書き集めた人（司馬遷）は、このような善悪が逆転している状態を不審に思い、しばしば天の道が是か非かわからなくなっている。それならどうか。私たちが確実だと思う善悪の区別も、それへの報い、賞と罰の道理も、偽りで信じられないものか。いや断じてそうではない。天下の人が実際の経験がいつわりで、そうでないものは信じられないと言うかもしれないが、このことが確実であるのは疑いようもない。つまり、善悪の道は人生の土台、社会の基礎である。その区別と報いとは深く人の心に刻まれた大きな道理だから、正邪の区別ははっきりとしていて、それぞれ賞と罰という報いを受けることになるのは少しも疑う余地がない。しかし眼前の世界では、この区別は明らかでない。悪人がしばしば得意顔なのはなぜだろうか。これまで述べてきたように、人の霊魂は永久に存在して亡びることがなく、肉体の死後にまで存在するからである。たとえば、この世界は学校のようなものである。眼の前の現実では正邪が入り交じっていると見えるのは、まるで学校の生徒が試験前にはだれかれの区別なく玉石が入り乱れて、時には怠け者に幸いがあるのと同様である。しかし賢くてその上正しい教師は、終《つい》には公平にその生徒を処遇するように、天地の主でおられる神は必ず人を賞罰なさらないはずがない。ところで、これをいつなさるのだろうか。ただ一つの未来があるのだ。ここから考えると、現在の世界に時に玉石が混じっている状況は、すなわち未来がなくてはならぬ証拠である。善悪に報いる道理は明白で疑う余地がないなら、これに基《もと》づく未来についての見解も明白で疑うべくもない。善悪の道が本当に確実なら未来のことも確実であろう。

イエスはかつてたとえによっていわれた。「天の国は次のようにたとえられる。ある人が良い種を畑に蒔《ま》いた。人々が眠っている間に敵が来て麦の中に毒麦を蒔《ま》いて行った。芽が出て実ってみると毒麦も現れた。僕《しもべ》たちが主人のところに来て言った。『だんなさま、畑には良い種をお蒔《ま》きになったではありませんか。どこから毒麦が入ったのでしょう』。主人は『敵の仕業だ』と言った。そこで僕《しもべ》たちが『では行って抜き集めておきましょうか』と言うと、主人は言った。『いや、毒麦を集めるとき麦まで一緒に抜くかもしれない。刈り入れまで両方とも育つままにしておきなさい。刈り入れの時、まず毒麦を集め、焼くために束にし、麦の方は集めて倉に入れなさいと、刈り取る者に言いつけよう』」（マタイによる福音書一三・二四―三〇）。この言葉を私たちはよく考えなければならない。毒麦か麦か、自分の将来の運命はこの一点にある。聖書に「思い違いをしてはいけません。神は人から侮《あなど》られることはありません。人は自分の蒔《ま》いたものを、また刈り取ることになるのです」と（ガラテヤの信徒への手紙六・七）。賞や罰が遅かったり早かったりすることはあっても必ず行われることを疑う余地はない。西の国の歌に「裁きの足は弱く見えるが、その悪人にたどりつくことに誤りがない」とある。ああ、私たちが住む世界はみだりに笑い、みだりに溺れ、みだりに酔っていいところではない。良心を覚まして自分の平生をふり返ると、おそれなければならないもの、慎まなければならないものがある。読者よ、あなたはどうか。

ああ読者よ、未来のことは見ることができない、聞くことができないという理由で、これを無関係なことと思ってはいけない。ただ見聞きする世界にさまよって眼の前のことだけに心を用いる、これがつまらぬ人間の常である。そもそも人が鳥や獣に勝っているのは、目に見えないことを思い、大きな希望を抱き、深く後のことを推《お》し量る力をもっているところにある。この力が大きいか小さいかで人は人格者ともなるし、つまらぬ者にもなるのであろう。大きな仕事を後世に残し、功労を長く後世に伝え、あるいは平凡に一生を送る、これはみなこの力の強いか弱いかによるものである。世の人はむやみに見聞きするものに心をとらわれて自分の尊い品位を棄《す》ててはならない。まして未来のことについては目の前に様々な証拠があるのだから言うまでもない。すべて事実というわけではないが、よく見聞きするものに縛られる弊害をはっきりさせるものとして、私は以下のことを日本の歴史から引用する。

昔、仲哀帝が西に遠征して筑紫に来た時、ふしぎな力が皇后を通して帝に新羅を討つよう勧めた。しかし帝は山に登って海を見、雲がたちこめるばかりでどこにもその国があるともわからなかったため、迷ってとうとう実行しなかった。帝はほどなく橿原の宮で崩御した。後世の人はこれを神の罰だという。ほんとうにそうだろうか。私はこれを信じるわけではないが、自分が見聞きするものに縛られたため、征韓の威光と名声を一人の女性に譲ったことを認めないわけにはいかない。私は世の中にこのような人が多いことを残念に思うものである[註]。

註　朝鮮侵略を肯定するかのごとく受け取られるこの箇所を削除することも考えましたが、原作の記述を尊重し、そのままとしました。

第四章　人の罪

罪とは何か

罪とは何か。世間で考えられているような、必ずしも人が定めた法を犯したものを言うわけではない。もちろん、その中にここで言う罪もあるだろう。また、仮に国家の法では罪に定めるべきだとしても、ここで言う罪とはならないものもあるだろう。そもそも罪とは神の法を犯したことであって、外面に表れた言行は言うまでもない。そもそも天の道理、人の道に外れ、神の法に背くこと、人に知られぬ心の中の思いまでもすべて罪だと言わざるをえないのである。

罪が世にはびこっているのは言うまでもないことであろう。なぜなら国と国が戦いを挑み、人と人が互いに殺し合い、父子が互いに傷つけ合い、兄弟が争い合う、または情欲に溺れ、遊興にふける者が多くいるのは罪が世に満ちている証拠でなくて何であろうか。試しに世の様子を見ると悪事を行い、不正を助け、暴力を働き、欲望を遂げ、みだりに自然の物を壊すために人々は喜んで結社し、結束し、財産を捨て、力を尽くし、懸命に奔走する者が数えきれないほどだ。広大な天下に多くの人力が実に罪を助ける一方に傾いているのである。これに反して、直接善を助け、正義を立て、道を守るために費やして用いる力と資財は、前者と比べようもないほど少ないと言わざるをえない。近年になって、社会倫理は大いにすたれ、都会も田舎も軽薄に流れ、邪悪な習慣に染まるのは甚だしく、心ある者は常に嘆かずにはいられない。このような情勢を見て、どうして世に罪が行われていないなどと言えようか。いやしくも道義の思いがある人ならばこれを見てひどく憂い、これを防ぎ止める方策を考えねばならぬ。このことを悲しまないのは人ではない。すなわち、罪に力を貸す者と同じである。よく考えなければならない。

しかし、世に罪悪があることについては、人がとかく疑わないものであるから、詳しく述べる必要もないが、自分自身については、このことを省みる者はまれであり、自分の大きな罪に心をとめることもなく平気で、これを恥じる者もない。そうはいっても、自身が気づかず心に少しも憂い悲しむことがないからといってあえて安心するのは誤りであろう。なぜなら、今このように過去の非に気づかず、今の汚れを苦痛に感じることもなく、空しく月日を送るのは安泰のしるしではないからだ。その病が重く、手の施しようがないほどになって、少しずつ道徳的に無感覚な人となったのでないとどうしていえようか。今にも死にそうな人は、耳が聞こえないそうだ。だから確実に死ぬというしるしはここにある。手足がマヒする病にかかった人は、自分の痛み、冷たさを感じないという。しかし、その治る見込みがないしるしはここにあるのではないか。だから心に罪の痛みを感じないからと安心してはならない。あるいは自分には罪がないという者もいるだろう。しかしこれは人類に対して言うのである。

無き名ぞと人にはいいてありぬべし心の問わばいかに答えん

〔註　『後撰集』恋三―七二五　無き名ぞと人には言ひて有りぬべし心の問はばいかが答へむ〕

（根も葉もないうわさなのだと人には言っておこう。しかし自分の心が尋ねたなら何と答えようか）

と詠んだ古歌の気持ちを思うがよい。清く正しく大いなる神の前に立って静かに心を澄まし、良心のままを隠さず、謹《つつし》んで今まで言ったこと、したこと、思ったことを振り返ると、仰いで天に恥じず、伏して人に恥じないことがどれだけあろうか。どうして多くの慄《おのの》き、怖れがないだろうか。

神を尋ねないこと

そもそも罪に二つの種類がある。一つはまさしく道に外れた行為をいう。うらみ憤り、むさぼり盗み、不信不義などがこれである。二つめは自分が為すべきことを行わないことをいう。たとえば、憐《あわ》れむべき者を憐《あわ》れむことなく、正義に向かって進む勇気を持たず、空しく名利、一時の名誉にひかれ、または善を行い正義を行う機会をそのままやり過ごすなどが神の前では実に大きな罪であるのは疑いないことである。自分には第一の悪は無いという者があるかもしれないが、読者のうちだれが第二の罪がないと言えようか。もし罪がないという者がいるなら、それは自分を欺いている。そもそも自分の良心に照らして考えるとき、一人として罪があることを悟らない者はないのである。自分の暗い良心さえもいったん自分を咎《とが》めるならどうして神の前に罪がないといえようか。またどうしてそのように言い張ることができようか。概して恩があればこれに感動してその恵みを徳とし慕うのは、人が当然行う義務ではなかろうか。そもそも神は天地の主であって我々がその恵みを受ける、これより大きなものはないだろう。この神がおられることを聞いただけで、喜んでこれに仕え、心を尽くして敬愛しなければならないのである。ところが人はただ神の有無を尋ねないという罪を犯すだけでなく、神がおられることを知ってもこれに仕えない。それは馬耳東風で、ほとんど聞かないのと同じなのである。

今ここに人がいるとしよう。長い間生みの両親の所在がわからず、その名前も顔もわからなかったのだが、思いがけずその所在、名前までを詳しく彼に知らせる者があった。ところが喜び踊り上がって探しに行こうともせず、また対面できても喜びの涙も流さず、親愛の情が心に湧かないなら、人々は彼のことをいったいどんな人間だというだろうか。彼を、人の顔をしているが心は獣以下だと言うに違いない。世の中の人を見るとき、天に真の神がおられると思える証拠が多いのに、進んでこれを尋ねようともせず、栄華にとらわれ、重大なことをおろそかにするのは罪でなくて何であろう。もっとひどいのは、およそ有神の議論を聞いて神はおられるだろうと思っても敬慕の情が起こらないなら、知っていても知らないのと同じである。読者はこれを当然と思うだろうか。自らの胸に聞いてはっきりこれに答えていただきたい。ああ、世の人の道徳的感覚がここまで鈍くなっているのは実にこれほどなのである。もし素直な心で自分を考えるなら、たやすくこの道理がわかり、自分の心がひどく悪に溺れ、神に敵対し、悪に向かっていて、道義上ほとんど死んでいるもののようであることに気づき、茫然自失することであろう。

人のみじめさ

自分の心がどんなに邪悪であるかに気づかないのは主として自分の罪にうち克って、真の徳を養うことに力を尽くさないからである。自分の徳は昔の人に及ぶことがなく時に恥じることばかり多いことを悲しみ、しきりに努力して自分の気持ちを抑制して邪悪の心にうち克とうと思うときは、心の中に思いもよらない悪が潜んでいることに気づき、われながら驚きあきれるばかりであろう。たとえば、うららかな天気の日は海面は穏やかに静まり鏡のようで、歩いて渡れそうに見える。これに抵抗し、抑圧して勢いを激しくするものがないからである。しかし、ひとしきり風が吹いてその表面をうち、これを抑えようとするときは、たちまち山のような荒波が起こり、雷のような音をすさまじく立てるであろう。谷間の清い流れは、平らなところを通っている間はたいそう静かであっても、大きな岩が流れをとどめようとすると勢いは激しくこれを押し砕く。人の心の悪もこれに等しい。我々がひどく低劣な道徳に満足して深く向上することに心を注がず、胸に拡がってくるとげを刈り払おうともしないで、みだりに飲み食いするだけの人間となっている以上、自分の心の悪のひどさがわからない。だが、少し志を高くもって今の状態を下劣だと思い、進んで向上しようと思うときは、自分の情欲、思いがたいそう強くて抵抗し難いほどの勢いがあることに気づき、まことに情けないことと思うであろう。凡人はそれほどまで感じないが、聖賢といわれる人が常に道を行い難いことを憂い悲しんだのはこのためなのだ。

聖書に「わたしは、かつては律法とかかわりなく生きていました。しかし、掟《おきて》が登場したとき、罪が生き返って、わたしは死にました。そして、命をもたらすはずの掟《おきて》が、死に導くものであることがわかりました。罪は掟《おきて》によって機会を得、わたしを欺き、そして、掟《おきて》によってわたしを殺してしまったのです」（ローマの信徒への手紙七・九―一一）とある。ここで罪が掟《おきて》によって機会を得てやって来るというのは、我々が己にうち克ち善を行おうとするときは罪の力が強く、刃向かうことができないほどの勢いだということである。「（わたしたちが肉に従って生きている間は、）罪へ誘う欲情が律法によって五体の中に働き、死に至る実を結んでいました」（ローマの信徒への手紙七・五）とあるのもこのことなのである。パウロは常々善に志すことが深かったので、この状態を考えてひどく悲しみに堪《た》えなかったのだ。パウロは言う、「わたしたちは、律法が霊的なものであると知っています。しかし、わたしは肉の人であり、罪に売り渡されています。わたしは、自分のしていることがわかりません。自分が望むことは実行せず、かえって憎んでいることをするからです」（ローマの信徒への手紙七・一四―一五）。「わたしは、自分の望む善は行わず、望まない悪を行っている」（ローマの信徒への手紙七・一九）。それは『内なる人』としては神の律法を喜んでいますが、わたしの五体にはもう一つの法則（情欲、悪念＝著者挿入）があって心の法則と戦い、わたしを、五体の内にある罪の法則のとりこにしているのがわかります。わたしはなんと惨《みじ》めな人間なのでしょう。死に定められたこの体から、だれがわたしを救ってくれるでしょうか」（ローマの信徒への手紙七・二二―二四）と。その心中を思うべきではないか。

昔、魯の聖人（孔子）は東山に登り、魯の国を小さいと思ったが、その後これよりもっと高い泰山に登った時は、天下までも小さいと思ったという。世の徳義ある人が世俗に身をおき、汚れの谷間に安々と暮らしているときにはそれほどとは思わないだろうが、義を見て進み、不善を見てこれを改めようとしきりに努力すれば、自分の罪がおそろしいほど大きいことを知るだろう。人は道徳の基準が低く、自分にうち克とうとしないから、自分の罪が並大抵なものではないことを忘れている。しかし神は人に完全な善を求めなさるのだ。それは神の法は永遠に変わらぬものなので、人が背《そむ》き棄《す》てるからといってその律法を改めることはないからだ。昔の人も「大匠は拙工の為に縄墨《じょうぼく》を改め廃《す》てず」（すぐれた大工はつたない者のために墨縄を改めるようなことはしない）と言っているではないか。この言葉は私たちを欺くことがない。

神の審《さば》き

こうしてみると、我々がすべて罪人であることは明らかでないだろうか。聖書は「正しい者はいない。一人もいない」（ローマの信徒への手紙三・一〇）、「彼らののどは開いた墓のようであり、彼らは舌で人を欺き、その唇には蝮《まむし》の毒がある。口は呪《のろ》いと苦味で満ち、足は血を流すのに速く、その道には破壊と悲惨がある。彼らは平和の道を知らない。彼らの目には神への畏《おそ》れがない」（ローマの信徒への手紙三・一三―一八）という。人のあり様はこのようにひどい。だから世の人はすべて神の前に罪があり、それぞれ黙するほかないのだ。神は人の行いに応じて各人に報いを与えるので、忍耐して善を行う者には永遠の命を与え、悪にはまり道理をまげて道に従うことなく不正を働き悪事を行う者には憤り、怒り、艱難辛苦を与え報いるであろう。これが神の審《さば》きではないか。一体誰が神の正しい審《さば》きがないと言えようか。

指が曲がっていて伸びない人がいた。それほど痛みもなく、特に支障があるわけでないが、もし治してくれる人がいればどんなに遠くでも構わず行く。それはなぜだろうか。自分の指に障がいのあることが悲しいからである。人は罪に沈み、汚れに染み、人間としての道を離れ、霊魂は病み衰え、見るにたえない。聖書には罪をレプラ（重い皮膚病）にたとえている。これほど醜くひどい病がある者は朝に道を聞いて知るなら夕に死んでもいい。たとえ人生は五十年の短さとしても、心を尽くし、力を尽くして罪を免れる道を求めなければならない。なぜなら、たった一日でも罪を脱し、義人となって人生を終わるなら、その一日は不義で生き延びる千万年にも換えがたいものであり、天下から貴重な宝を集めたとしてもその価値はこの一日に及ばない。読者諸君はどうしてこの道理を考えないのか。まして前章で説明したように、人の霊魂は決して現世限りのものではない。肉体が死んだ後、必ず神の審《さば》きを受けなければならないのだ。西国の言葉に「神のひきうすは遅く鈍くみえるが、挽《ひ》いた粉は実に細やかだ」と。人はどうしてそのような神の正しい審判を免れることができよう。「肉体を殺しても霊魂を殺せない者」を怖れてはならない。むしろ身体と霊魂をともに殺すものを怖れよ。「ある金持ちの畑が豊作だった。金持ちは、『どうしよう。作物をしまっておく場所がない』と思い巡らしたが、やがて言った。『こうしよう。倉を壊して、もっと大きいのを建て、そこに穀物や財産をみなしまい、こう自分に言ってやるのだ』。こうして霊魂に向かって『霊魂よ、さあ、これから先何年も生きて行くだけの蓄えができたぞ。ひと休みして、食べたり飲んだりして楽しめ』と。しかし神は、『愚かな者よ、今夜、お前の命は取り上げられる。お前が用意した物は、いったいだれのものになるのか』と言われた。自分のために富を積んでも、神の前に豊かにならない者はこのとおりだ」（ルカによる福音書一二・一八―二一）。読者諸君はこの愚かな金持ちと違うところがあるだろうか。たとえ世界中のものを自分のものにしたとしても、霊魂を失ったら何の益があるか。どうか、ことの大小軽重を見誤らないでいただきたい。

第五章　罪からの救い

人は罪から逃れられるか

日や月や星などはすべて定まったルールで治められている。霊魂の世界でもその道理はこれと同じである。たとえば地球は引力で太陽につながっている。そのためその周囲をきちんと動いて四季を狂わせず、すべてが都合よく発育できるのである。霊魂の世界ではただ神を中心とし、あらゆる霊のものが服従してその義務を守り、愛の引力にひかれ、まるで北極星のまわりを他の星が周るようでなければならない。しかし人類は神とつながっているこの愛の綱を断ち切り、自分の利益に溺れ、私欲を思う存分貪《むさぼ》り、道徳世界の秩序を破ったのである。地球がもし太陽を離れ去ったなら全く暗黒となって人類の成長を損《そこな》い、花も無く実も無く、実に恐ろしい世界となり果てるだろう。またこのように人がすでに神を離れ、その中心を棄《す》てたために罪が全体にひろまり困苦災厄が天下に満ちてしまったことも不思議ではない。地球が太陽から離れればどんどん離れていく力が働くのだから、自力で元の場所に戻るのは永遠に望めないのである。道徳の世界においてもそのとおり。人類がひとたび罪によって仰ぎ敬うべき神を離れてしまうと、時がたつにしたがってますます遠く離れるのが道理であるから、自分がいくら修養勉強しても善の性を回復し、本来の場に立ち返ることはできないはずである。

前章でも説いたように、人類は罪に溺れたのである。その結果が怖ろしいのはたとえようもない。そのため、昔から人類はこれから抜け出す方法に思いを凝らし、その道を捜し求めた。中でも国々の聖賢は最も深くこのことを意識して探究したが、とうとう望みを果たさず、ただただ善を行うのが難しいことを嘆き悲しみ、この世を去った者が多かった。その中でもギリシャのソクラテス、プラトンはよく人の本性の奥を看破し、その病を癒す方法を探求したが、このことは決して人間の力で成し遂げられないことを悟ったので、ひそかに神の慈悲によって天から救済者が降《くだ》ることを望んだのである。この二人だけでなく、およそ自分の罪の大きさを感じた者は昔も今も皆この望みを抱かない者はなかった。読者諸君がもし罪を知ったなら、これを求める気持が生じることであろう。

まことに罪を逃れるには、第一に自分が既に犯した罪を赦《ゆる》され、神の怒りを解いて良心の平和を得なければならない。自分がすでに罪を天に犯しながら、このように救われるだろうというのは実に不当なことだ。罪を赦《ゆる》す方法はもとより神が定めなさらずにあるはずもない。たとえ自分はこれで赦《ゆる》されると考えたとしても、神は果たして赦《ゆる》してくださるかどうか、実に疑わしいことだろう。どうして心安らかであろうか。ある人が「以前の過《あやま》ちを悔やみ、昨日の行いを改めて善に戻るなら、以前の罪過を逃れることができるだろう」と言った。この説を難行苦行や念仏三昧などに励んで罪悪から救われようとするのに比べれば大いにまさっているように見えるが、誤りという点では同じである。なぜなら、善を行うのは当然の務めであって少しの間もここから離れてはいられないからだ。自分が行っていることは、今自分に求められているものにも程遠い。どうして以前の罪過を補う余地などあろう。読者諸君が心静かに神の前で熟慮するなら、たとえ自分に今日の善行があったとしてもそれによって既に犯した罪過を償うのははなはだ難しく、自分の良心においても大いに安らかではいられないことを悟るだろう。自分の罪によってくらまされた良心でさえもこのようにとがめるところがあるのだ。それではどうして神の前に赦《ゆる》されたと知りえるはずがあろう。また、たとえ人類が悔い改めて完全に善に進むことによって以前の罪を逃れることがあるとしても、われわれに心を改めて完全に善に進む力がなければ益の無いことである。神は人のために法を曲げるものでないことはすでに前章で説明したとおりである。だから、徳義も完全でなければ益がない。わずかな徳義があったとしても無いのと同じであろう。

しかし我々の有り様はこの小善も行いえず、まして完全に備わっている徳義などないことは言うまでもない。自分はこれに長い間励んでもそこに到達できないことをますますはっきり知るべきだ。だから徳を立て、正義を行って神の赦《ゆる》しをいただき、良心が平和であるよう望んでも、我々はたえず失望の悲しみを抱き、善に励むに従って心は非常に苦しむことになる。世間では時に自分は天を仰いで恥じることはないという人もいるが、彼らは全く神とその法がいかなるものかを知らないからそう言うのである。聖書に「なぜなら、律法を実行することによっては、だれ一人神の前で義とされないからです。律法によっては、罪の自覚しか生じないのです」（ローマの信徒への手紙三・二〇）とある。

神の憐《あわ》れみ

神は全能でこの上なく尊い造り主だが、また慈悲に富む在天の父であるために、我々のこのような状態を憐《あわ》れみ、限りない忍耐によって暫時私たちの罪を赦《ゆる》し独り子イエス・キリストを世に降《くだ》し、そのイエスによって我々の罪を救う道を用意されたのである。これは実に一八八〇有余年前〔註　原著の執筆時から考えて〕ユダヤの国であったことなのである。その詳細な事実が福音書に書かれている。我々はその言葉と行いに現れた栄光に、真に神の御子であることを明らかに見るのである。ユダヤ人の祭司でファリサイ派のニコデモという人がいた。彼はある夜イエスのもとに来て言った。「ラビ（師の尊称）、わたしどもは、あなたが神のもとから来られた教師であることを知っています。神が共におられるのでなければ、あなたのなさるようなしるしを、だれも行うことはできないからです」（ヨハネによる福音書三・二）と。また、イエスの言葉を聞いた者は「いまだかつてこの人のように語った人はいない」とひどく驚いた。その行いを見ると心ないローマ人も「わたしはこの男に罪を見いだせない」（ヨハネによる福音書一九・六）と言った。

あるすぐれた句に「山田のかかし遠目には人」とあるように、世間には聖賢の名あるものがないわけではないが、よく注意してその考え、言葉・行いを調べると、孔子も釈迦も、ソクラテスもプラトンも皆一長一短、過不足があって、永遠に手本とするには価しない。人がそれぞれ独立して思想を自由に論じるようになったので、昔の聖賢たちも批評を免れられない。イエスのことになると、学問が進み激烈な批評が行われるヨーロッパなどでは様々な議論もあったが、一人も彼の性行に欠点を発見したものはなく、皆彼を徳義が完全に備わった者と認めている。孟子は、聖人は百代の師と言ったが、真にこの任に堪《た》えるものはキリストの外にない。注意して福音書を探究すれば、キリストの言葉と行いは雪のように白く、太陽のように輝いて、まるで大きな山が平地に生じて天にそびえるようなものだ。決して人のものでなく、完全に天から降《くだ》された神の御子の言葉であることを知るべきである。その上、その満身真実に充ちたキリストは自ら祭司の前ではっきり仰せになった。祭司が彼に「では、お前は神の子か」と言うと、キリストは、縄につながれていたが厳《おごそ》かに「その通りだ。あなたがたが言っているように、わたしはそうである」と答えられた（ルカによる福音書二二・七〇）。この言葉は真にキリストの言葉である。キリストはまことに神の御子である。もしそうでなければ、キリストはめったにいないひねくれ者だと言わねばならない。キリストをひねくれ者などとは我々が夢にも思わないことであるから、その言葉が誤りでないということは、考えればすぐわかることではないか。

義とされる喜び

イエス・キリストは実に神の御子である。神の御子であって、罪を救うために汚れた世に降《くだ》り、きわめて賤《いや》しいとされた者の中で行き来し、とげとげしい人の心に悩まされ、人の迷いを救い、世の悪を正し、心を神に帰らせようとして、ある時は飢えを避けず、罪人の友、徴税人の仲間と呼ばれ、あるいは狂人と言われ、鬼と侮《あなど》られることも避けようとしない。その苦しみの様子は細々と言い表せないほどだ。ついに不義の手に捕われ、不義の裁判にかかり、言いがたい侮辱を受け、罪人とともに十字架の惨めな刑に処され、肉を裂かれ、血を流して死んだ。これはすべて世の人の罪のために受けたものなのだ。聖書には「正しい人のために死ぬ者はほとんどいません。善い人のために命を惜しまない者ならいるかもしれません。しかし、わたしたちがまだ罪人であったとき、キリストがわたしたちのために死んでくださったことにより、神はわたしたちに対する愛を示されました」（ローマの信徒への手紙五・七―八）、「わたしたちも兄弟のために命を捨てるべきです」（ヨハネの手紙一、三・一六）とある。自身には少しも罪を負っておられない神の子キリストは、このように我々の罪のために苦しみ、これをあがなうため十字架の死を遂げてくださったので、もはや神が人の罪をお赦《ゆる》しになることに何の妨《さまた》げもなくなった。なぜなら、神であってもむやみに罪を赦《ゆる》すことはできないからである。聖書に「今この時に義を示されたのは、御自分が正しい方であることを明らかにし、イエスを信じる者を義となさるためです」（ローマの信徒への手紙三・二六）。これはそのことを言ったものである。自分は幼い時から神の心に背き、罪を犯すことがきわめて甚だしいといっても、自分の罪を悔い、これを憎んでイエス・キリストのあがないを信じるときは、自分に功績がなくても信仰によって、キリストのあがないによって、義とされるのである。人の世にあっても仁の人、義の人が自分を捨てて国難に倒れ、死ぬ時は、大いに民を助けることがある。父母がひどい暑さ、寒さに耐え、子どものために将来を考え、つとめ働くなら、その功績は子孫の家を潤すのに充分だ。孟軻《もうか》の母は子を育てるため面倒がらずに三回住居を移したが、そのまごころは天に届き、子どもの中から聖人につぐ者が出た。今、天から神の御子イエス・キリストが降《くだ》ってこれほどまでに苦痛を味わい、ついに世の罪のためその身を十字架につけて殺したのである。これにより我々は多くの罪を赦《ゆる》され、神の子と呼ばれることになった。また何の疑いがこれにあろうか。ことわざに「女は姓氏無くして玉の輿に乗る」（家柄がよくなくても豊かな家に嫁ぐ）とある。このことをよく考えると、我々はともに罪を犯しているのだから神から栄光を受けるに価しない。自身には少しの功績もなくまた徳がないのは姓氏なき女と同じだが、信仰によってキリストに従い、彼とともに十字架に死ぬなら、また彼とともに生きて神の子となるはずなのである。聖書に「このように、わたしたちは信仰によって義とされたのだから、わたしたちの主イエス・キリストによって神との間に平和を得」(ローマの信徒への手紙五・一)たとある。これは私たちの主イエス・キリストによるのだ。また「神は、その独り子をお与えになったほどに、世を愛された。独り子を信じる者が一人も滅びないで、永遠の命を得るためである」(ヨハネによる福音書三・一六)と。これは私たちにとって最も喜ばしい真理ではないか。

その上、キリストは世に降《くだ》って我々の過去の罪を救うだけでなく、我々に心を正しく真の善人とする道を備えてくださった。キリストは神がどのような方かをはっきり示し、未来を確実にし、倫理を教え、完全に備わっている徳と義の模範を示し、後の人にみならわせるところがある。そればかりか、最大最高の愛を現し、彼を信じる者に心から道に従い、発憤して立ち上がり、進ませる力がある。昔から教えを宣べ伝えた者は少なくないが、多くは人を感動させて道に従わせる方法を見出せなかった。しかし、キリストは天から降《くだ》って、人の心を回復する方法を確かなものとしてくださった。世が愚かだとみなすものがかえって世の賢さにまさるのだ。前章で述べたように、使徒パウロは罪の大きさを悲しみ、ほとんど望みを失ったかに見えるが、その章の末尾になって大いに歓喜して「わたしたちの主イエス・キリストを通して神に感謝いたします」（ローマの信徒への手紙七・二五）と述べている。これはキリストの教えによると必ずこの勝利し難い悪に勝つことができることを信じて喜び、奮起したのではないか。キリスト教は古いしきたりではなく、新しい霊によって仕えることを教えている。人を善に向かわせ、徳に進ませる道は、これをおいて他にない。昔、天使がヨセフに「マリアは男の子を産む。その子をイエスと名付けなさい。この子は自分の民を罪から救うからである」（マタイによる福音書一・二一）と告げた。罪を救うとは一体何か。神に対して負う罪悪の責めを解き、罰を免れさせ、また自分の心の中にはびこる罪の力をくじき、善や徳を完成させるということである。キリストはまことによくこの救いを成就した。であるから、彼にイエス（救う者の意味）と名付けたのはもっともなことではないだろうか。

（完）

あとがき

本書は、植村正久著『福音道志流部』（米国聖教書類会社印行、明治十八年（一八八五年）三月）の現代語訳です。原著の原本は、所蔵する図書館を調べてそこまで出向かなくても、現在では国立国会図書館の近代デジタルライブラリーで見ることができます（但し、明治二十一年（一八八八年）四月版）。原本に忠実なかたちで、『植村全集』第六巻（婦人之友社内）植村全集刊行会、昭和七年（一九三二年）と『明治文學全集46』（筑摩書房、一九七七年（二〇一三年復刊））に収録され、『植村正久著作集』第五巻（新教出版社、一九六六年（オンデマンド版あり））では漢字や仮名遣い等あらためられたものを読むことができます。『明治文學全集』と『著作集』それぞれに有益な解題・解説が添えられていますから、書誌情報としてはそちらをご参照くだされば幸いです。一八五八年一月生まれの植村二十七歳の著作です。

現代語訳にあたっては『著作集』に収められているものをベースとしました。原著にはない小見出しを適宜入れて読みやすさを図り、改行も加え、また思い切った意訳をしたところも少なくないことをあらかじめ申し添えておきます。

本現代語訳には含めませんでしたが原著には短く序文が記されています。それによれば、同労の伝道者らがキリスト教の「當を得て能く聖道の要旨を説き、其堂に入るの楷梯と爲して衆人に頒布すべきもの甚だ稀れなり」と嘆いていたのを受けて、植村先生が名古屋伝道の折、岡崎の宿舎で執筆したのが本書です。伝道用小冊子、簡にして要を得た信仰の手引きであり入門書として用いられることが期待され、事実大いに読まれました。現代語に直してもその趣旨は変わりません。読みやすくされた古典を古典として読むのではなく、今に福音を語るものとしてお読みいただければと思います。確かに今日から見れば時代の制約と限界を感じる箇所もあります。しかしそれらはいずれも、植村先生だけでなく、読むわたしたちすべてが土の器にすぎないことを思わせ、かえって福音の宝の輝きを引き立たせるものではないでしょうか。逃れることのできない罪と欠けに苦しむわたしたちをも常に用いて御業を進めてくださる神の恵みを証しするものです。

本書を現代語にする経緯と実際の作業につきご説明いたします。本書は、日本キリスト教会大森教会建設一〇〇周年記念事業の一環として計画されました。一〇〇年を見据えてしばらく前から準備に取り掛かり、年に一度の修養会で学びを進める中で、植村先生が大森伝道のために力を尽くされたことにあらためて思いを馳せ、先生の『福音道志流部』が日本伝道のために果たした役割と意義を知りました。また、生前の先生は主著である『真理一斑』の復版は好まなかったと伝えられており、むしろその直後に出版された『福音道志流部』の方を大事にされていました。ならばこれを皆で熟読することから得る益も大きいと考えましたが、原著の文体は現代の者にはすでに読みにくくなっていることも明らかで、そのことが今日において先生が読まれていない理由にもなっていることは容易に想像がつきました。必要なのは今日の生活の言葉にできるだけ近づけることだったのです。それは単に語句を置き換えることでは済まない大変な作業になることはその時は知る由もありませんでした。

教会建設記念行事の一つとしてこの事業が持ち上がったのが二〇〇九年十一月ですので、かれこれ五年半経過したことになります。具体的な作業は、田中貞美が現代語に直したものを他のメンバーと一緒に読み合わせ、検討し、推敲を重ねていくというものです。現代語訳に加わった者たちは、秋元康子、岡澤子、熊谷貴子、宮尾舜助の各氏で、いずれも大森教会員です。そこに牧師としてのわたしが加わりました。また、一麦出版社の西村勝佳氏は、使命感をもって取り組んでくださいました。

大森教会は一九〇四年六月ごろの伝道開始、一九一二年五月の伝道教会建設を経て、一九一五年五月十六日に教会建設となったのですが、その際中会から派遣された教師の一人が植村先生でした。その時の祝辞の中で先生は次のように述べられました。

「かうした小さい家族的なる教会では、一人のたましひを導いて道の話をするやうな場合、先方の面がだんだんと輝いて来ると、こちらも、いつしか、燃されて来ると言つたやうな、貴くもありがたい救の経験をすることが出来る幸ひを有してゐる。自己の如きも曾てはそのやうなる経験をなし、今日なほ忘れられないで、それが昨日の如くに思はれるのだが、現在のやうに、大きな教会（富士見町教会）になると、甚だ残念なることには、とかくさうしためぐまれた経験に乏しくなり勝ちである」（佐波亘編『植村正久と其の時代』、第四巻（教文館、昭和十三年（一九三八年））、七三九〜四〇頁）。

教会となるにあたって、まだまだ小さな群れであった大森教会に対して、初心を忘れず伝道するようにとの先生の励ましは深く感銘を与え、長く覚えられることとなりました。若き日に記した書物をもって、その記すところを生涯大事にされたことを覚えながら、一〇〇年後再び先生によって伝道へと励まされ、背中を押されていることを思います。わたしども大森教会だけでなく、広く日本の教会の伝道に資するところとなるよう祈りつつ、日本人に福音を伝えたいとの植村先生の思いと重ねて、現代語訳をお届けします。

二〇一五年五月

日本キリスト教会 大森教会
牧師　佐藤泰將

福音 道しるべ

発行日……二〇一五年五月十六日　第一版第一刷発行
定価……［本体八五〇＋消費税］円
著者……植村正久
訳者……日本キリスト教会大森教会
「福音道志流部」現代語訳委員会
発行者……西村勝佳
発行所……株式会社一麦出版社
札幌市南区北ノ沢三丁目四—一〇　〒〇〇五—〇八三二
郵便振替〇二七五〇—三—二七八〇九
電話（〇一一）五七八—五八八八　ＦＡＸ（〇一一）五七八—四八八八
URL http://www.ichibaku.co.jp/
携帯サイト http://mobile.ichibaku.co.jp/
印刷……株式会社総北海
製本……石田製本株式会社
装釘……須田照生

ISBN978-4-86325-079-6 C0016

植村正久の神学理解
――『真理一斑』から「系統神学」へ　木下裕也

処女作の『真理一斑』、対海老名論争の中で生み出された「キリストとその事業」、東京神学社での講義録「系統神学」など主要な文献にもあたってその神学理解に迫る――。

A5判　定価［本体4200＋税］円

地のはてまで
――歴史と永遠の切点に生きる　永井修

キリストの証人として、いかなる困難に直面しようとも「地のはてまで」（使徒一・八）伝道したキリスト者たち。傑作エピソード満載で、圧倒的なおもしろさ！

A5判　定価［本体5200＋税］円

日本キリスト教会50年史
――1951―2000　日本キリスト教会歴史編纂委員会編

一九五一年の創立大会からの五十年の歩みを、膨大な歴史資料の上に立って記述。前史として、一八五九年の宣教師来日、日本基督公会、日本基督一致教会、日本基督教団の各時代にも言及。

菊判　定価［本体4500＋税］円

日本キリスト教会札幌北一条教会100年史
――1890―1995　札幌北一条教会歴史編纂委員会編

神の言葉への信従、感謝と悔い改めの表白。変わることのない「神の真実」こそが、教会のあらゆる時代をつらぬいていることを見出したい。

菊判　定価［本体5800＋税］円

小野村林蔵
――日本伝道二代目の苦難　山田滋

日本の福音宣教、教会形成の閉塞状態が叫ばれて久しい。主のご栄光のために励んだ日本伝道二代目の牧師の困難を研究することは、この課題に益するであろう。

四六判　定価［本体1800＋税］円